Caderno do Futuro

Simples e prático

Ciências

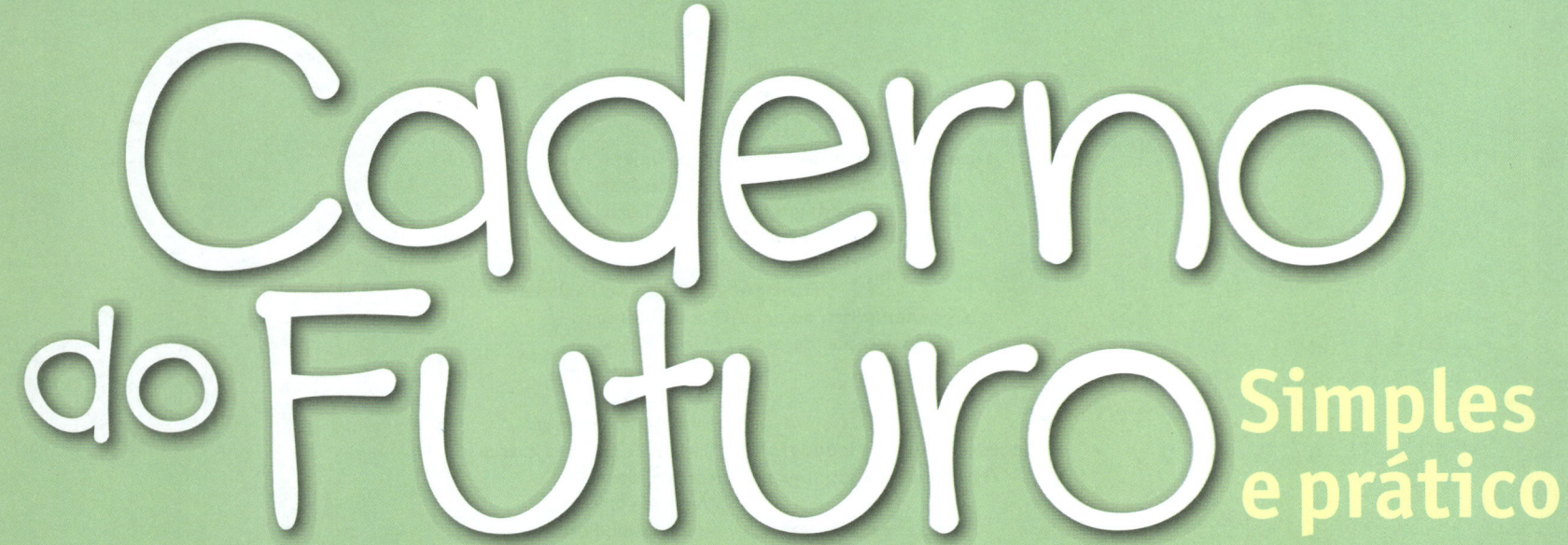

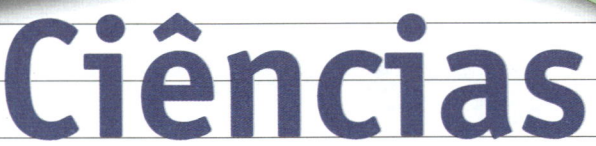

2º ano

ENSINO FUNDAMENTAL

3ª edição

São Paulo - 2013

IBEP

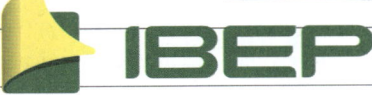

Coleção Caderno do Futuro
Ciências
© IBEP, 2013

Diretor superintendente	Jorge Yunes
Gerente editorial	Célia de Assis
Assessora pedagógica	Valdeci Loch
Assistente editorial	Érika Domingues do Nascimento
Revisão	Luiz Gustavo Micheletti Bazana
Coordenadora de arte	Karina Monteiro
Assistente de arte	Marilia Vilela
	Tomás Troppmair
	Nane Carvalho
	Carla Almeida Freire
Coordenadora de iconografia	Maria do Céu Pires Passuello
Assistente de iconografia	Adriana Neves
	Wilson de Castilho
Produção gráfica	José Antônio Ferraz
Assistente de produção gráfica	Eliane M. M. Ferreira
Projeto gráfico	Departamento de Arte Ibep
Capa	Departamento de Arte Ibep
Editoração eletrônica	N-Publicações

Impressão - Gráfica Impress - Fevereiro 2018

CIP-BRASIL. CATALOGAÇÃO-NA-FONTE
SINDICATO NACIONAL DOS EDITORES DE LIVROS, RJ

P32c

Passos, Célia
   Ciências : 2º ano / Célia Maria Costa Passos, Zeneide Albuquerque Inocêncio da Silva. - 3. ed. - São Paulo : IBEP, 2012.
   il. ; 28 cm.   (Novo caderno do futuro)

   ISBN 978-85-342-3505-1 (aluno) - 978-85-342-3510-5 (mestre)

   1. Ciências - Estudo e ensino (Ensino fundamental). I. Silva, Zeneide II. Título. III. Série.

12-8662.   CDD: 372.35
                                                           CDU: 373.3.016:5

27.11.12 28.11.12   040996

3ª edição - São Paulo - 2013
Todos os direitos reservados.

Av. Alexandre Mackenzie, 619 - Jaguaré
São Paulo - SP - 05322-000 - Brasil - Tel.: (11) 2799-7799
www.editoraibep.com.br   editoras@ibep-nacional.com.br

SUMÁRIO

BLOCO 1 4
Meio ambiente
- Componentes do meio ambiente

BLOCO 2 12
Os seres vivos
Reprodução dos seres vivos

BLOCO 3 16
Os animais
- Ciclo de vida
- Revestimento do corpo
- Locomoção
Animais utilizados pelo ser humano
Animais prejudiciais ao ser humano
Animais domésticos e silvestres
Animais herbívoros, carnívoros e onívoros

BLOCO 4 31
As plantas
Como as plantas se reproduzem
Utilidade e cultivo das plantas

BLOCO 5 44
Seres vivos ameaçados de extinção

BLOCO 6 47
O corpo humano
Os sentidos

BLOCO 7 57
Alimentos
Origem dos alimentos

BLOCO 8 62
Higiene e saúde

BLOCO 9 69
Dentição e higiene bucal

BLOCO 10 73
Prevenção de doenças e acidentes

Atividades complementares 79

BLOCO 1

CONTEÚDO:
- Meio ambiente
  - Componentes do meio ambiente

Lembre que:

- Ambiente é o conjunto de tudo aquilo que existe com vida e sem vida.

Lembre que:

- Todo ano, no dia 5 de junho, comemora-se o **Dia Mundial do Meio Ambiente**, que tem como objetivo aumentar a responsabilidade e conscientizar todas as pessoas sobre a importância da preservação da natureza.

- São pequenas atitudes positivas tomadas hoje, com consciência e responsabilidade, que contribuirão para o grande futuro do nosso planeta.

Veja como é fácil contribuir para a preservação do meio ambiente

- Não jogue óleo no ralo da pia, isso prejudica a rede de esgotos;
- Evite jogar materiais que não se decompoem (plástico e outros) no ambiente;
- Não contribua diretamente para o desmatamento;
- Economize recursos naturais como água, energia etc.;
- Compre produtos eletrônicos com baixo consumo de energia.

1. Pense em um ambiente em que você se sinta muito bem! Agora, desenhe você nesse ambiente e tudo o que existe nele:

2. Escreva duas soluções para melhorar o meio ambiente e as discuta com seus colegas:

Solução 1:

Solução 2:

Lembre que:

- **Seres vivos:** têm vida – nascem, crescem, podem reproduzir-se e morrem. Exemplos: pessoas, animais e plantas.

- **Elementos não vivos:** não nascem, não se reproduzem e não morrem. Exemplos: pedras, solo, água, móveis, brinquedos, máquinas...

3. Observe no desenho que você fez na página anterior o que tem vida e o que não tem vida.
Escreva:

a) os nomes do que tem vida

b) os nomes do que não tem vida

4. Complete as frases:

a) Os seres vivos nascem,
,
e
.

b) Os elementos não vivos
,
e
.

5. Numere corretamente:

1	seres vivos
2	elementos não vivos

6. Recorte de revistas e jornais e cole nos espaços abaixo imagens de:

seres vivos	elementos não vivos

7. Quais são as diferenças entre os seres vivos e os elementos não vivos?

8. Escreva os nomes dos seres vivos e dos elementos não vivos que aparecem no desenho:

Lembre que:

Os seres vivos e os elementos não vivos fazem parte e dependem do meio ambiente.

As pessoas, por exemplo, precisam da luz do Sol, do solo, da água, do ar, dos animais e das plantas. Esses elementos se chamam **recursos naturais**.

- **Luz do Sol**: é importante para todos os seres vivos. A luz do Sol ilumina e aquece a Terra.

- **Solo**: parte da superfície da Terra onde crescem as plantas e vivem os animais; nele plantamos e construímos casas, estradas.

- **Rochas**: pedras são pedaços de rochas como o arenito, a calcita, o granito, o topázio etc.

- **Água**: cobre a maior parte da superfície da Terra:

  - água salgada: oceanos, mares e alguns lagos.
  - água doce: rios, lagos, lagoas, geleiras, represas, nascentes...

- **Ar**: mistura de gases. Um deles é o oxigênio, que os animais e as plantas usam na respiração. Percebemos a presença do ar pelo vento, que é o ar em movimento, e enquanto respiramos.

9. Complete:

a) O Sol, o solo, a água, o ar, os animais e as plantas são

b) A luz do Sol _____ e _____ a Terra.

c) Na superfície da _____ encontramos água _____ e água _____ .

d) A água salgada existe nos _____ , nos _____ e em alguns _____ .

e) A água doce é encontrada em _____ , _____ , _____ , _____ e _____ .

10. Como percebemos a presença do ar?

11. Observe as cenas e responda: Em qual ambiente o ar é mais puro? Por quê?

1 2

12. Assinale as afirmações corretas:

☐ O ar é uma mistura de gases.

☐ O oxigênio é um dos gases presentes no ar.

☐ O solo é composto apenas por areia.

☐ Em nosso planeta, há água salgada e água doce.

9

13. Desenhe:

a) um brinquedo que enchemos de ar.

b) um brinquedo que precise de vento para funcionar.

14. Leia as afirmações e escreva a palavra correspondente:

a) Parte sólida da Terra onde crescem as plantas.
b) Mistura de gases que respiramos.
c) Estrela que fornece luz para a Terra.
d) Ar em movimento.
e) Recurso natural que forma lagos, rios, mares...
f) Pedaços de rochas.

15. De que forma você pode ajudar a preservar?

a) praças

b) pássaros

c) rios

d) solo

Lembre que:

- Os seres humanos são seres vivos e fazem parte do grupo dos animais.
- Todo ser humano tem capacidade de ações que transformam o ambiente.

Estudar

Construir

- Os seres humanos transformam os elementos da natureza para viver. Os animais, os vegetais e os minerais são usados para fazer produtos.

Ajudar outras pessoas

Plantar

16. Numere as imagens abaixo:

[1] Elementos não vivos encontrados na natureza

[2] Objetos feitos pelo ser humano

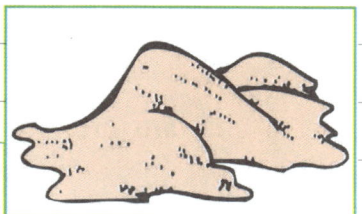

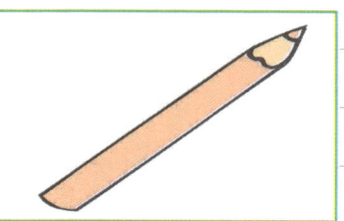

11

BLOCO 2

CONTEÚDOS:
- Os seres vivos
- Reprodução dos seres vivos

Lembre que:

- **Seres vivos**
  - apresentam formas e tamanhos variados;
  - são agrupados pelo que possuem de parecido nas partes do corpo e pela maneira como se reproduzem e crescem;
  - dependem do ambiente para se desenvolver e obter alimento.

- **Reprodução**
  - é o meio pelo qual os seres vivos dão origem a outro ser da mesma espécie;
  - algumas plantas nascem de mudas; outras, de sementes;
  - alguns animais desenvolvem-se dentro de suas mães; outros, dentro de ovos.

1. Marque com um x o que for certo:

   a) ☐ Os seres vivos apresentam formas e tamanhos variados.

   b) ☐ Nem todos os seres vivos nascem e morrem.

   c) ☐ Todos os seres vivos nascem, crescem, podem se reproduzir e morrem.

2. Como os seres vivos podem ser agrupados?

3. Por que os seres vivos dependem do ambiente?

4. Observe a ilustração e responda:

a) Quais seres são vegetais?

b) Quais são os elementos sem vida?

c) Quais seres vivos vivem:

no ar:

na água:

na terra:

5. Complete as frases:

a) Por meio da reprodução, os seres vivos _____ .

b) Algumas plantas nascem de _____ ; outras plantas nascem de _____ .

c) Alguns animais desenvolvem-se dentro de _____ ; outros animais desenvolvem-se dentro de _____ .

6. Assinale quais animais desenvolvem-se dentro de ovos:

☐ cavalo ☐ sapo
☐ tartaruga ☐ porco
☐ galo ☐ jacaré
☐ ganso ☐ gato

7. Observe os seres vivos e indique por qual meio cada um nasce:

M - muda   S - semente

14

8. Desenhe um ser vivo para cada uma das seguintes características:

tem quatro patas

nasce de ovo

Lembre que:

Os animais podem viver em diferentes ambientes.

- Os que vivem somente na terra são chamados **terrestres**, como o coelho, o cachorro, o gato, o boi, o leão, a girafa e muitos outros.

Corel Photo Gallery

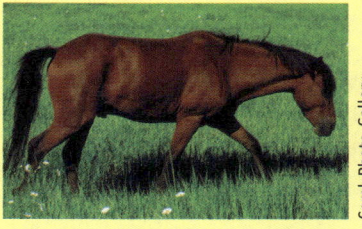

- Aqueles que vivem apenas na água são os **aquáticos**, como os peixes, as baleias, a estrela-do-mar etc.

Denis Scott/Corbis/Latinstock

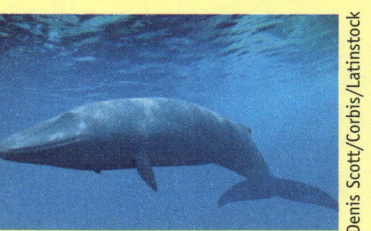

- Existem também aqueles que vivem na água e na terra, como as pererecas e os jacarés, por exemplo.

Jupiterimages

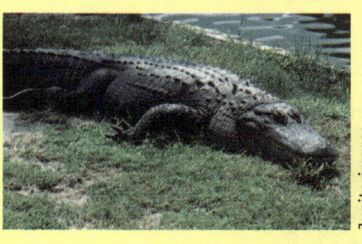

9. Pinte os animais terrestres. Circule os animais aquáticos.

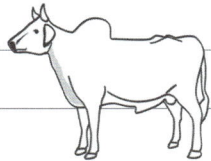

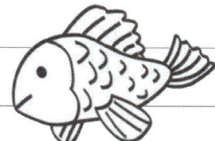

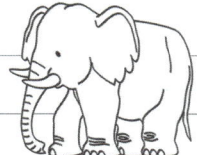

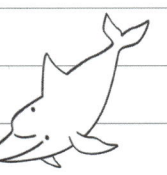

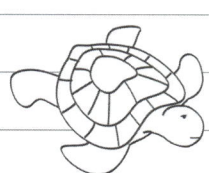

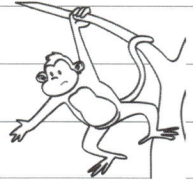

BLOCO 3

CONTEÚDOS:

- Os animais
  - Ciclo de vida
  - Revestimento do corpo
  - Locomoção
- Animais utilizados pelo ser humano
- Animais prejudiciais ao ser humano
- Animais domésticos e silvestres
- Animais herbívoros, carnívoros e onívoros

Lembre que:

- **Ciclo de vida** (ou ciclo vital) é o conjunto das fases da vida de um ser vivo: nascimento, crescimento, maturidade, reprodução e morte.
- **Mamíferos** são animais que, quando bebês, mamam, ou seja, alimentam-se do leite produzido pelas mães. Exemplos: ser humano, gato, cachorro, cavalo, porco etc.
- **Ovíparos** iniciam o ciclo de vida dentro de ovos, fora de suas mães. Exemplos: aves, tartaruga, cobra, jacaré, lagarto, sapo etc.

Fotos: COREL Stock Photo library

Animais	Tipos de revestimento do corpo	Formas de locomoção
Mamíferos	pelos	andam, correm, saltam e nadam
Aves	penas	voam, andam, nadam e correm
Répteis	placas duras ou escamas	rastejam, andam e nadam
Anfíbios	pele lisa (maioria)	nadam, pulam e rastejam
Peixes	escamas ou couro	nadam

1. Desenhe:

| um mamífero | um réptil |
| uma ave | um anfíbio |

2. Para você, o que é um animal?

3. O que é ciclo de vida?

4. O que é um animal mamífero?

5. Quais são as fases do ciclo de vida de um animal?

6. Por que o ser humano é um animal mamífero?

7. Assinale os animais ovíparos:

( ) avestruz ( ) peru
( ) porco ( ) vaca
( ) galinha ( ) sapo
( ) jacaré ( ) pato

8. Complete as frases com as palavras.

> ovíparo - ciclo de vida
> escamas - mamífero - fases

a) O conjunto das _____ da vida dos seres vivos chama-se _____.

b) O cachorro tem o corpo coberto de pelos e mama; portanto, é um _____.

c) A maioria dos peixes tem o corpo recoberto de _____.

d) O passarinho nasce de um ovo; portanto, é um animal _____.

9. O que o urso, o elefante e o tigre têm em comum?

10. Complete:

a) O coelho tem o corpo coberto de _____.

b) A onça tem o corpo coberto de _____.

c) O peixe tem o corpo coberto de _____.

d) A galinha tem o corpo coberto de _____.

e) A arara tem o corpo coberto de _____.

11. Observe os nomes de animais no quadro abaixo:

> coruja - tigre - baleia - tubarão
> leão - canguru - pássaro - sapo
> cobra - cavalo - tartaruga - rato

Escreva-os ao lado da palavra que indica como eles se locomovem:

- andam

- saltam

- rastejam

- voam

- nadam

12. Relacione cada animal ao modo como ele se locomove.

- (arara) — anda
- (caracol) — nada
- (peixe) — salta
- (elefante) — voa
- (sapo) — rasteja

13. Você tem algum animal de estimação?

☐ Sim   ☐ Não

a) Escreva sobre ele, se você não tiver um animal de estimação descreva qual e como ele seria:

b) Faça um desenho do seu animal de estimação.

14. Complete as frases:
a) O sapo nada, _____ e anda _____.

b) O jacaré _____ e _____.

c) A cobra _____.

d) A águia _____ e _____.

e) O peixe _____.

f) A capivara _____ e nada.

15. Escreva na coluna certa os nomes dos animais mamíferos e dos ovíparos:

onça - periquito - pinguim
cobra - golfinho - lagarto
morcego - vaca - papagaio
cachorro - sapo - urso

Mamíferos	Ovíparos

16. Dê exemplos de animais mamíferos que:

nadam	saltam

andam	correm

17. Decifre o código e descubra qual é o único mamífero que voa:

● E	□ C	⊡ A	△ R
○ O	▲ I	✻ M	▬ G

✻ ○ △ □ ● ▬ ○

18. Vários animais são úteis ao ser humano. Converse com seus colegas sobre o que eles podem nos oferecer. Anote o resultado no quadro abaixo.

Usamos os animais para

Animais	O que fornecem	Como podem ser utilizados pelo ser humano
Peixe, boi, vaca, porco, coelho, galinha, pato, abelha...	carne, leite, ovos, banha, mel	na alimentação
Carneiro, boi...	lã, couro, ossos	na confecção de roupas, calçados, cobertores, pentes, botões...
Cavalo, boi, burro...	força	no transporte de cargas e pessoas

19. Escreva o que cada animal nos fornece:

a) abelha

b) galinha

c) vaca

d) peixe

e) porco

f) carneiro

22

20. Escreva o nome de cada animal no quadro correspondente:

peixe - cavalo - boi - galinha
carneiro - abelha - burro

alimentação	vestuário	transporte

21. Para quais fins muitos animais são utilizados pelo ser humano?

22. Ligue cada animal ao que ele nos fornece:

couro

leite

lã

carne

mel

ovos

23. Pesquise, recorte e cole gravuras de animais que são usados pelo homem para:

alimentação	vestuário

transporte	esporte e lazer

Lembre que:

- O ser humano modifica o meio ambiente. Com isso, gera-se um desequilíbrio na natureza, e por vezes ocasiona a multiplicação de alguns animais nocivos.

Animais	Como podem ser prejudiciais
Rato, barata, mosquito, piolho, pulga...	podem transmitir doenças (diarreia, raiva, peste bubônica...)
Escorpião, algumas cobras e aranhas...	são peçonhentos (possuem veneno)
Gafanhoto, lagarta, formiga...	podem se tornar pragas (atacam e destroem plantações)

24. Como um animal pode ser prejudicial? Explique:

25. Escreva os nomes de alguns animais que podem transmitir doenças:

26. O que são animais peçonhentos? Dê exemplos:

27. Assinale os animais que transmitem doenças:

25

28. Dê o nome dos animais que prejudicam as plantações:

Saiba que:
- Os animais que passam a conviver e a ser cuidados pelo ser humano são chamados de **animais domésticos.**

Animais	Características	Exemplos
Domésticos	criados pelo ser humano, participam do seu dia a dia	boi, galinha, cão, gato, cabra...
Silvestres (selvagens)	vivem livres na natureza e não são criados pelo ser humano	onça, leão, girafa, jacaré...

29. Você já viu alguma planta que tenha sido atacada por um animal nocivo?

☐ Sim ☐ Não

30. A dengue é uma doença transmitida por um mosquito chamado Aedes aegypti. Pesquise sobre como combater o mosquito da dengue. Registre sua pesquisa no final do livro.

31. O que são animais domésticos?

32. O que são animais silvestres?

33. Pesquise e marque com um x as afirmações corretas:

- [ ] O leão é um animal silvestre.
- [ ] Todo animal silvestre se alimenta de carne.
- [ ] A dengue é transmitida pelo cachorro.
- [ ] Os animais silvestres vivem livres na natureza.

34. Encontre no caça-palavras os seguintes animais silvestres.

anta   lobo   macaco   capivara   onça

baleia   cutia

A	M	M	C	P	E	X	F	D	C
C	R	A	N	I	M	B	L	V	A
D	O	C	A	N	T	A	Q	Z	P
V	J	A	H	A	R	L	G	Ç	I
O	S	C	E	G	T	E	O	N	V
N	P	O	J	Ç	S	I	L	R	A
Ç	L	Q	P	H	I	A	O	U	R
A	B	I	N	U	Z	L	B	T	A
T	C	U	T	I	A	Q	O	C	S

35. Escreva o nome de cada animal e classifique-o em doméstico (D) ou silvestre (S):

Lembre que:
- Os animais podem ser **herbívoros**, **carnívoros** e **onívoros**.

Animais	Características	Exemplos
Herbívoros	alimentam-se de vegetais	elefante, gafanhoto, lagarta, coelho...
Carnívoros	alimentam-se de carne	onça, leão, jacaré, gavião, coruja, gato...
Onívoros	comem carne, plantas e outros alimentos	porco, galinha, ser humano, urso...

36. Marque com um x as afirmações corretas:

☐ A girafa é um animal silvestre.

☐ Os animais herbívoros alimentam-se de carne e de vegetais.

☐ Os animais domésticos participam do dia a dia do ser humano.

☐ O elefante é um animal carnívoro.

37. O que são animais herbívoros?

38. Como se chamam os animais que se alimentam de carne, plantas e outros alimentos?

39. Classifique cada animal abaixo em:

galinha - leão - cavalo - cachorro - macaco - elefante - coelho - urso - vaca - cobra

Domésticos

Silvestres

40. Classifique os animais abaixo em:

girafa - carneiro - raposa - leão - cabra - galinha - urso - ser humano - jacaré - boi - porco - tigre

Herbívoro

Carnívoro

Onívoro

41. Observe o quadro:

animal	o que come
rato	trigo
coruja	rato
gavião	coruja
onça	gavião
gafanhoto	folha
sapo	gafanhoto
cobra	sapo

- Agora complete:

a) O _____ serve de alimento para o rato.

b) A _____ come o rato.

c) A coruja serve de alimento para o _____.

d) O gavião serve de alimento para a _____.

e) O gafanhoto come _____.

BLOCO 4

CONTEÚDOS:
- As plantas
- Como as plantas se reproduzem
- Utilidade e cultivo das plantas

Lembre que:
- As plantas (seres vivos) nascem, crescem, reproduzem-se e morrem.
- Para se desenvolver, as plantas precisam de água, luz, calor, espaço, ar e terra apropriada.

Partes de uma planta que floresce	Funções na planta	Alguns usos	Exemplos
Raiz	Fixa a planta no solo e retira dele água e sais minerais	alimento	batata-doce, cenoura, mandioca, beterraba...
Caule	Transporta água e sais minerais (seiva) para as outras partes - sustenta galhos, folhas, flores e frutos	madeira para construção de casas, móveis, cercas; alimento	mogno, cerejeira..., palmito, cana-de-açúcar...
Folhas	Por elas, a planta respira, transpira e absorve luz	alimento, medicamento	alface, couve, espinafre, agrião, boldo, hortelã, alecrim...
Flores	Produzem as sementes para a planta se reproduzir	decoração e fabricação de perfumes	rosa, cravo, dália, lírio, margarida...
Frutos	Guardam as sementes	alimento	maçã, ameixa, laranja, limão, pêssego, mamão...

31

1. Enumere os desenhos abaixo, colocando-os na ordem de desenvolvimento do feijoeiro:

• Agora, faça um texto contando como se deu o desenvolvimento da planta.

2. Identifique as partes de uma planta e faça a ligação com a função que desempenha.

Cumpre a função de fixar a planta no solo e retirar dele água e sais minerais.

Responsável pelo transporte de água e sais minerais.

Promover a respiração, transpiração e absorver a luz.

Guarda as sementes.

3. Por que as plantas são seres vivos?

4. Do que uma planta precisa para se desenvolver?

5. Escreva o nome de:

a) duas raízes que servem de alimento.

b) duas folhas que servem de alimento.

c) dois frutos que servem de alimento.

d) um caule que serve de alimento.

6. Indique a função de cada parte da planta. Depois, pinte o desenho.

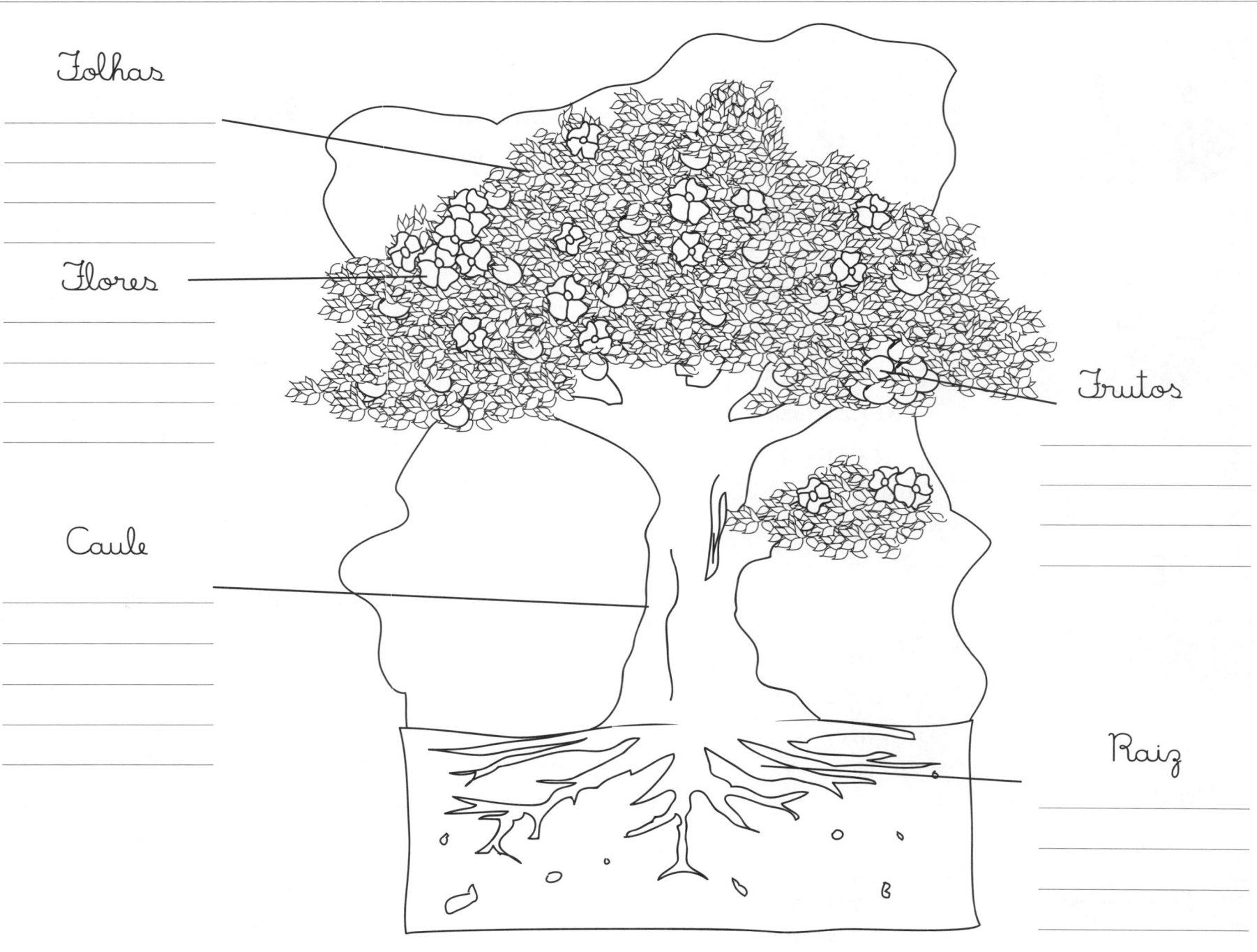

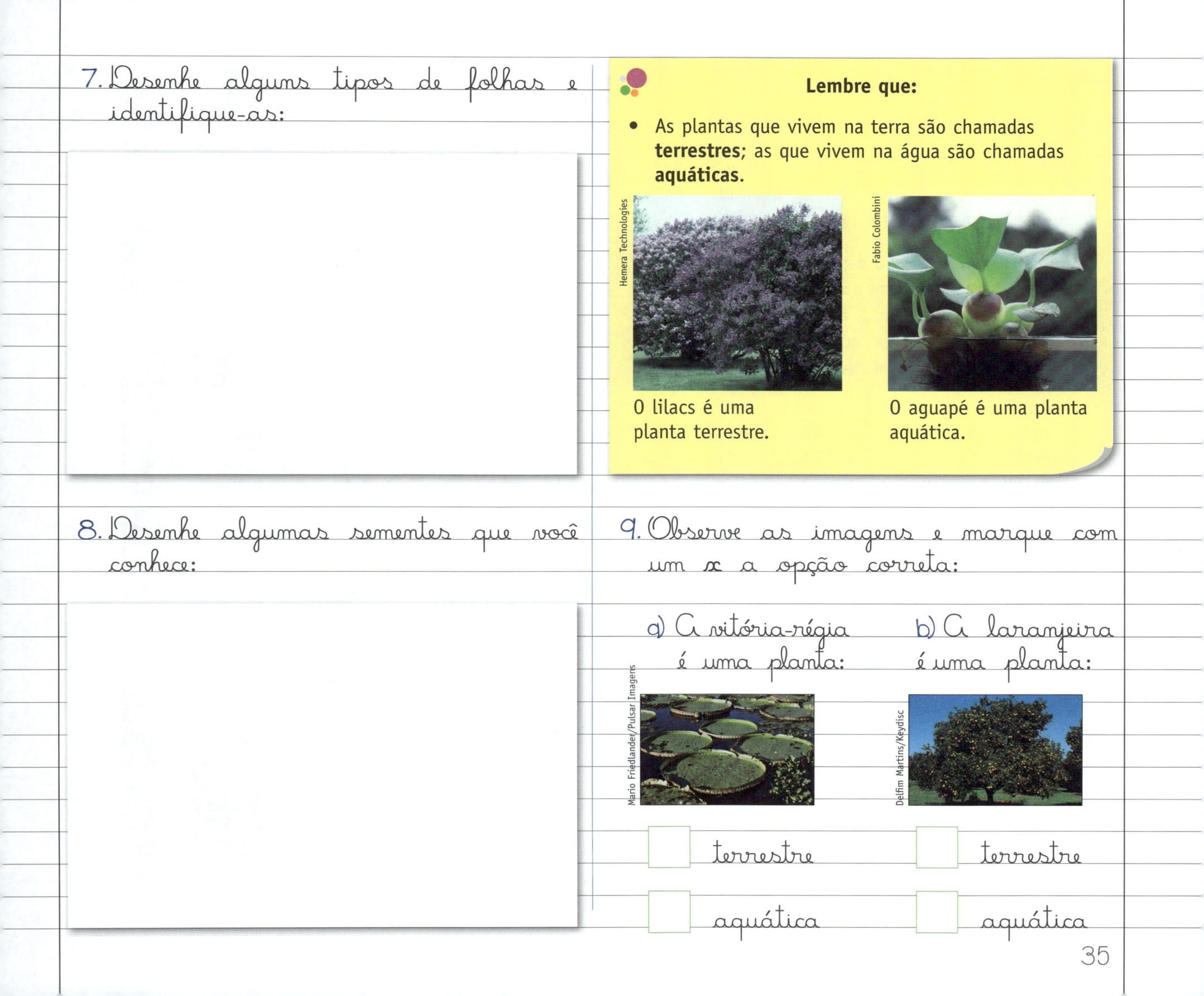

7. Desenhe alguns tipos de folhas e identifique-as:

Lembre que:

- As plantas que vivem na terra são chamadas **terrestres**; as que vivem na água são chamadas **aquáticas**.

O lilacs é uma planta terrestre.

O aguapé é uma planta aquática.

8. Desenhe algumas sementes que você conhece:

9. Observe as imagens e marque com um x a opção correta:

a) A vitória-régia é uma planta:

b) A laranjeira é uma planta:

☐ terrestre   ☐ terrestre

☐ aquática   ☐ aquática

35

Lembre que:

A maioria das plantas pode se reproduzir por:

- **mudas:** são plantas pequenas que estão no início de seu desenvolvimento. Quando plantadas, dão origem a novas plantas. Exemplo: videira;

- **sementes:** iniciam seu desenvolvimento (germinação) quando há terra apropriada, água, ar e luz do Sol para dar origem a novas plantas. Exemplos: feijão, soja, amendoim, ervilha, sementes de mamão, melancia, abacate...

– Alguns frutos, como o mamão e a melancia, possuem muitas sementes. Outros têm só uma semente, que chamamos **caroço**; o abacate é um exemplo.

– Para dar origem a uma nova planta, a semente precisa ser sadia e perfeita. Ao iniciar o desenvolvimento de uma nova planta, a semente passa por várias transformações, que chamamos **germinação**.

– Para germinar, a semente precisa de água. Para formar uma nova planta é preciso que a germinação ocorra onde tem ar, água, sais minerais e luz.

Germinação de uma semente.

Fotos: Dudu França

36

10. Responda:

a) Como se reproduz a maioria das plantas?

b) O que são mudas?

c) O que é germinação?

d) Para haver germinação, o que é preciso?

e) Em que parte da planta a semente se forma?

11. Certas sementes servem de alimento para os seres humanos. Escreva os nomes de algumas delas.

12. Numere corretamente as etapas da germinação:

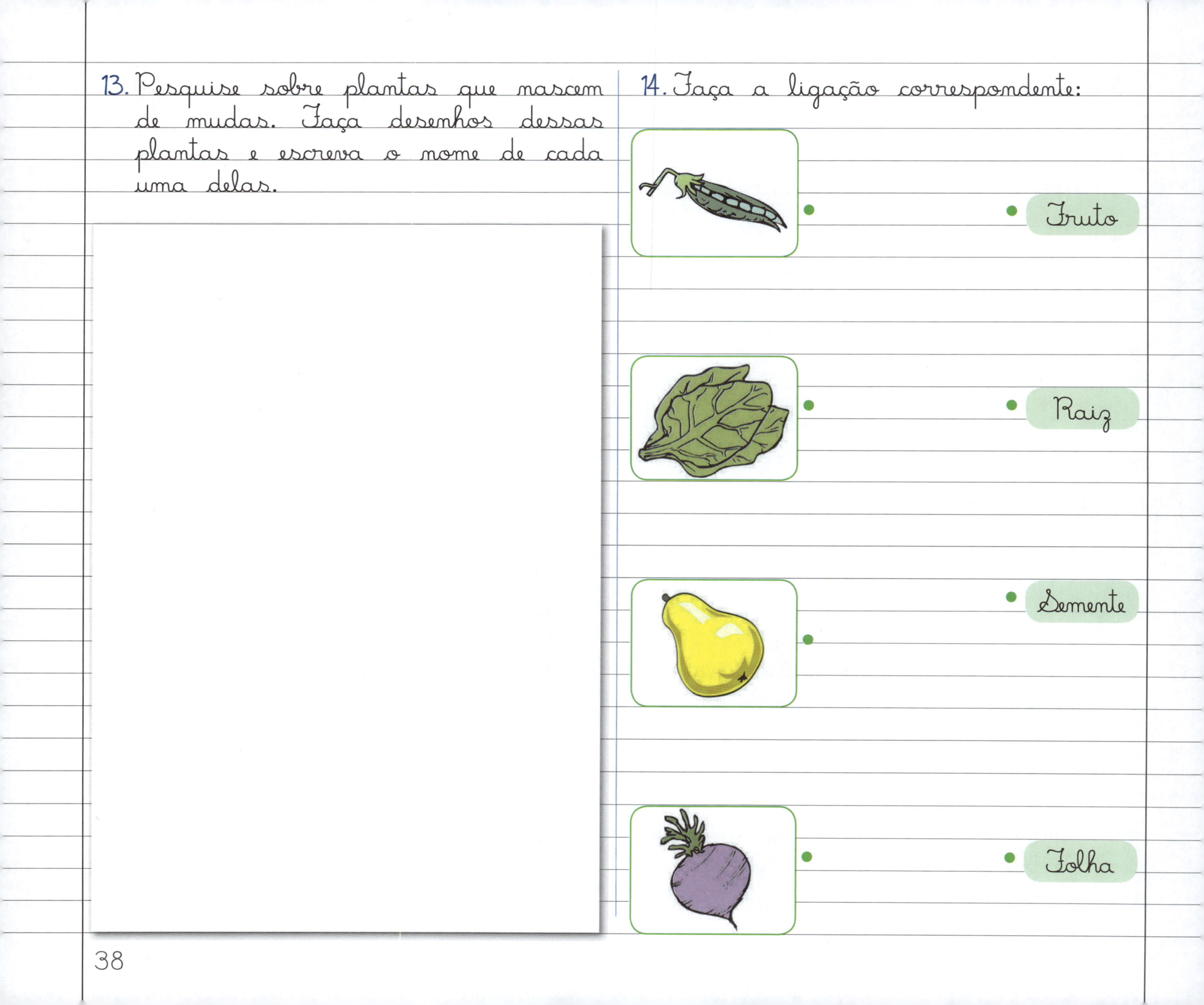

13. Pesquise sobre plantas que nascem de mudas. Faça desenhos dessas plantas e escreva o nome de cada uma delas.

14. Faça a ligação correspondente:

• — • Fruto

• — • Raiz

• — • Semente

• — • Folha

15. Separe os alimentos do quadro em grupos:

> ameixa - beterraba - agrião - cenoura
> rúcula - amendoim - ervilha - hortelã
> feijão - maracujá - espinafre - laranja
> tomate - mamão - caqui - mandioca

Raiz	Folha

Fruto	Semente

16. Plante uma semente de feijão e observe o processo de germinação. Use o espaço abaixo para desenhos e anotações.

Plantas	
Utilidades	**Exemplos**
Alimentação	mandioca, cenoura, beterraba (raízes), couve-flor, brócolis (flores), palmito, cana-de-açúcar (caules), laranja, melancia, abacate (frutos), alface, repolho, agrião, escarola (folhas), amendoim, feijão (sementes)
Vestuário	algodão, linho, sisal, cânhamo (folhas e caules)
Construção de casas, fabricação de móveis, instrumentos musicais, papel, lápis	peroba, cerejeira, pinheiro, eucalipto, cedro (caules)
Medicamentos	guaco, agrião, confrei, erva-doce, hortelã, arruda (folhas)

Cultivo de plantas		
Locais	**Característica**	**Exemplos**
Jardim	Nele são cultivadas flores e folhagens	rosa, dália, cravo, margarida, begônia, hera, samambaia...
Horta	Nela são cultivadas plantas utilizadas na alimentação	alface, couve, repolho, cenoura, beterraba, tomate...
Pomar	Nele são cultivadas plantas frutíferas	mangueira, goiabeira, macieira, mamoeiro, laranjeira, bananeira...

17. Escreva, para cada parte da planta, dois tipos de alimento:

a) raiz:

b) caule:

c) folha:

d) flor:

e) fruto:

18. Escreva os nomes de:

a) duas plantas úteis.

b) duas plantas que podem ser nocivas.

19. Escreva os nomes das plantas nos lugares certos:

> linho - hortelã - eucalipto - agrião
> pinheiro - sisal - peroba
> cerejeira - algodão - erva-doce
> cedro - camomila - cânhamo

remédios	tecidos	móveis

20. Pergunte a um adulto o nome de um remédio que contenha eucalipto ou agrião em sua composição. Escreva o nome desse remédio e a sua indicação.

21. Por que algumas plantas são consideradas perigosas? Dê exemplos.

22. Em nossa alimentação, aproveitamos as partes de algumas plantas. Escreva ao lado de cada nome o que você costuma comer nas suas refeições:

a) raízes

b) caules

c) folhas

d) frutas

e) sementes

23. O chá é uma bebida natural, que serve também como remédio, e é composto de ervas, sementes ou folhas de vegetais. Pesquise sobre alguns tipos de chá, do que são feitos e para que servem. Faça suas anotações abaixo:

24. O que caracteriza:

a) um jardim?

b) uma horta?

c) um pomar?

25. Escreva as palavras nas colunas certas:

banana - uva - margarida - mamão
alface - samambaia - beterraba
repolho - rosa - dália - abacaxi
pêssego - hera - maçã - cenoura
rabanete - lírio - brócolis

jardim	horta	pomar

26. Ligue corretamente:

[alface] — jardim — [melancia]

[cenoura] — horta — [maçã]

[flor] — pomar — [girassol]

27. Assinale P para pomar, J para jardim e H para horta:

[cenouras] [ ]   [brócolis] [ ]   [rosa] [ ]

[uvas] [ ]   [banana] [ ]   [pêssego] [ ]

28. Quais plantas cultivadas em jardim, horta e pomar são utilizadas:

a) na alimentação:

b) como medicamento:

29. Escreva os nomes de:

a) duas plantas cultivadas em jardim:

b) duas plantas cultivadas em horta:

c) duas plantas cultivadas em pomar:

43

BLOCO 5

CONTEÚDO:
- Seres vivos ameaçados de extinção

Espécies ameaçadas de extinção

Mico-leão-de-cara-dourada

Ararinha-azul

Lobo-guará

Bromélia

Araucária

Lembre que:

- **Desequilíbrio na natureza** é provocado pelo ser humano quando:
  - derruba árvores
  - suja a água de rios e mares
  - lança fumaça no ar
  - caça animais

  } ações que modificam o ambiente natural

- **Extinção:** espécies de plantas e animais que podem deixar de existir.

Exemplos de espécies brasileiras ameaçadas de extinção:

- **animais:** mico-leão-de-cara-dourada, ararinha-azul, lobo-guará, gato-do-mato, onça-pintada, anta e baleia-jubarte;
- **plantas:** pau-brasil, castanheira, jequitibá, algumas bromélias e samambaias.

1. Complete as frases usando as palavras do quadro:

extinção - ambiente - ar - água

a) O ser humano modifica o _____ natural quando derruba árvores, suja a _____ dos rios e mares e lança fumaça no _____.

b) A onça-pintada, a anta, o mico-leão-dourado e a baleia-jubarte são exemplos de animais ameaçados de _____.

2. Para você, o que quer dizer extinção?

3. Cite o nome de três plantas brasileiras ameaçadas de extinção.

4. Os seres vivos a seguir tornaram-se raros. Escreva o nome de cada um:

Ilustrações: Paulo Manzi

45

5. Descubra no caça-palavras cinco animais ameaçados de extinção:

muriqui - uacari-branco
jaguatirica - suçuarana
macaco-aranha

P	D	G	O	F	E	J	L	E	M	T	I	U
M	A	C	A	C	O	-	A	R	A	N	H	A
U	R	S	L	U	D	T	H	U	S	J	H	C
R	E	B	C	N	D	C	M	L	M	T	Q	A
I	Q	S	U	Ç	U	A	R	A	N	A	B	R
Q	L	R	R	B	U	Z	G	O	V	G	A	I
U	S	C	Q	J	S	F	C	I	N	X	P	-
I	X	D	V	N	E	B	N	J	F	U	Z	B
R	S	T	M	U	A	V	N	X	T	X	O	R
J	A	G	U	A	T	I	R	I	C	A	C	A
R	O	Q	N	M	P	L	T	J	I	G	H	N
B	R	B	D	D	I		D	E	F	V	Z	C
P	A	Q	Z	O	X	Z	E	O	F	C	A	O

6. Que ações modificam o ambiente natural?

7. Observe se na região em que você vive há problemas que causam desequilíbrio na natureza. Escreva esses problemas e aponte soluções:

a) Problemas

b) Soluções

BLOCO 6

CONTEÚDOS:
- O corpo humano
- Os sentidos

O nosso corpo é recoberto por pele.

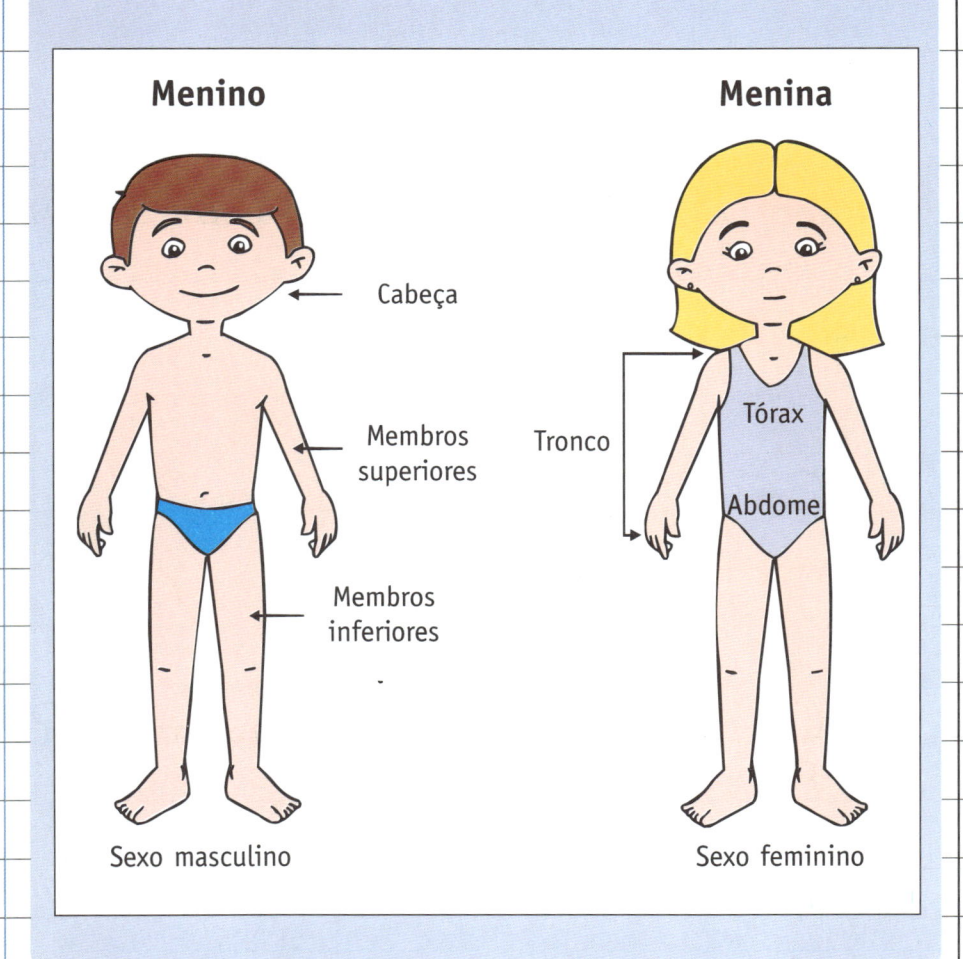

Menino — Cabeça, Membros superiores, Membros inferiores — Sexo masculino

Menina — Tronco (Tórax, Abdome) — Sexo feminino

Lembre que:
- O corpo humano é formado por:
  - **cabeça**: onde estão os olhos, as orelhas, o nariz e a boca;
  - **tronco**: tórax e abdome;
  - **membros**: superiores (braço, ombro, antebraço, mão, cúbito) e inferiores (pernas, coxa, pé, joelho).
- **Pele**: recobre o nosso corpo.
- **Ossos**: são duros; servem para proteger e sustentar as partes moles do corpo, e ajudam nos movimentos. Com a coluna vertebral formam o esqueleto.
- **Músculos**: são responsáveis pelos movimentos do corpo:
  - **esqueléticos**: voluntários (comandados de acordo com nossa vontade). Estão ligados aos ossos; sustentam o nosso corpo;
  - **lisos**: involuntários (movimentos automáticos, contrários à nossa vontade) como os da bexiga e dos intestinos;
  - **cardíaco**: involuntário, fica na parede do coração para bombear o sangue para todo o corpo.

1. Responda:

a) Quais são as partes que formam o corpo humano?

b) Em que parte do corpo ficam os olhos, o nariz, a boca e as orelhas?

c) Como é formado o tronco?

d) Quais são os membros superiores? E os inferiores?

e) O que recobre o nosso corpo?

2. Complete:

a) Os ossos _____ e servem para _____ e as partes moles do corpo.

b) Os ossos do corpo e a coluna vertebral formam o _____.

3. Marque com um x as afirmações corretas:

☐ O esqueleto não sustenta o nosso corpo.
☐ Os músculos podem se contrair.
☐ Os ossos são as partes duras do nosso corpo.
☐ O esqueleto tem mais de trezentos ossos.
☐ Os músculos são responsáveis pelos movimentos do corpo.
☐ O músculo cardíaco é responsável pelo bombeamento do sangue para todo o corpo.

4. Faça o que se pede:

a) Desenhe os membros inferiores de Maria Clara.

b) Pinte o tronco de Gabriela.

c) Complete o corpo de Gustavo.

Maria Clara	Gabriela	Gustavo

5. Por que os exercícios são importantes para os nossos ossos?

6. Escreva nos lugares certos:

olhos - mãos - tórax - nariz
braços - pés - abdome - pernas
boca - joelhos - cúbitos (cotovelos)

Cabeça	Tronco	Membros superiores	Membros inferiores

Lembre que:

- Para dar sustentação e permitir movimentos, temos o **esqueleto** e os **músculos**.

- O **esqueleto** é formado pelos ossos, que se ligam pelas articulações, e por isso podemos dobrar partes do corpo. A articulação que dobra o braço é o cotovelo e a que dobra a perna é o joelho.

- Os **músculos** são responsáveis pelos movimentos do corpo. Eles contraem e relaxam quando fazemos qualquer atividade, como falar, correr, escrever.

- A prática de esportes e os exercícios físicos são importantes para os músculos se tornarem fortes e maiores.

7. Observe a ilustração e responda às perguntas que seguem:

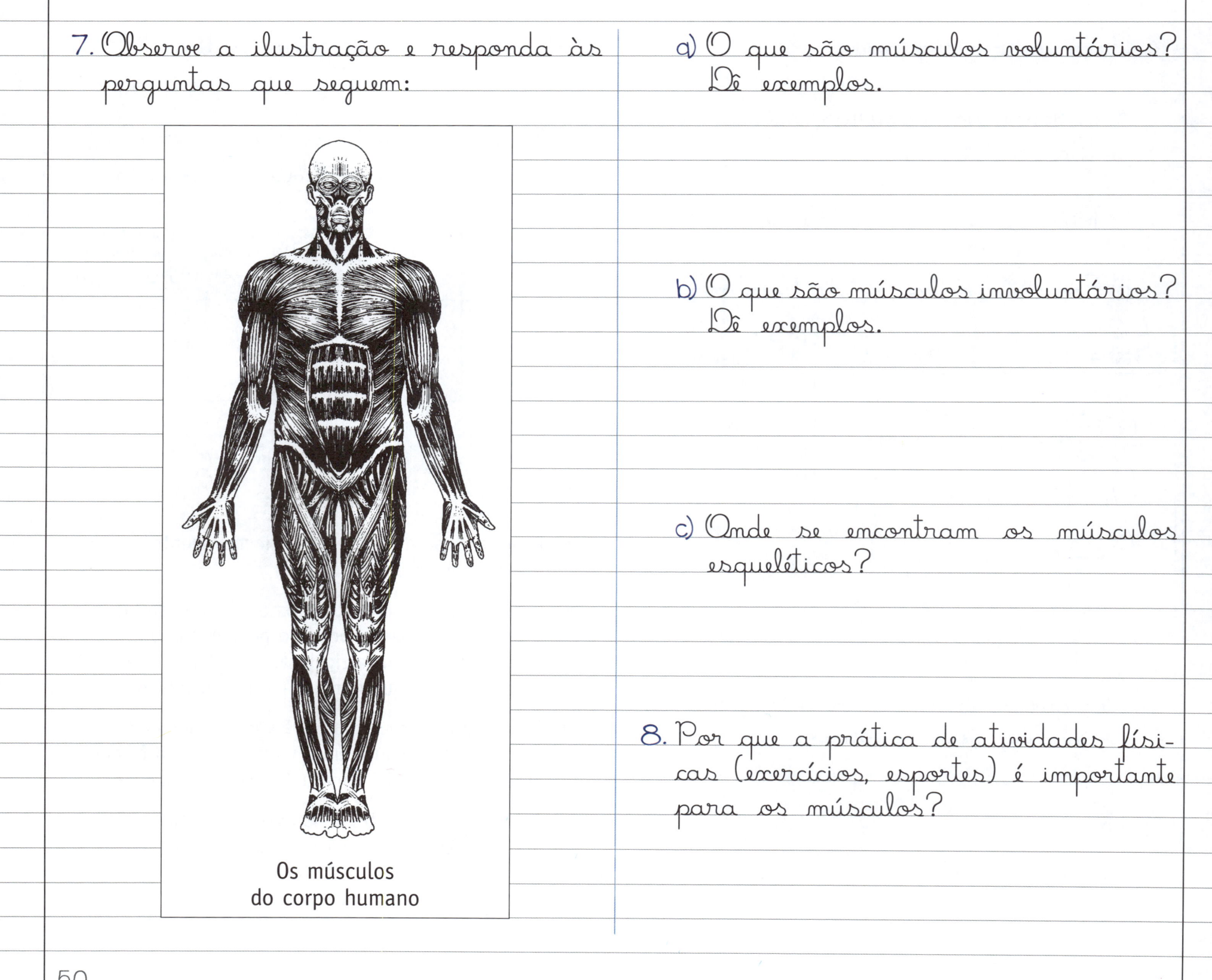

Os músculos do corpo humano

a) O que são músculos voluntários? Dê exemplos.

b) O que são músculos involuntários? Dê exemplos.

c) Onde se encontram os músculos esqueléticos?

8. Por que a prática de atividades físicas (exercícios, esportes) é importante para os músculos?

9. Faça a correspondência corretamente:

[1] músculos voluntários

[2] músculos involuntários

[3] músculos esqueléticos

[4] músculos lisos

[5] músculo cardíaco

[ ] encarregado de bombear o sangue para todo o nosso corpo.

[ ] responsáveis pelos movimentos automáticos.

[ ] estão na bexiga e nos intestinos.

[ ] comandados de acordo com a nossa vontade.

[ ] estão ligados aos ossos.

10. Complete as frases usando as palavras abaixo:

> membros superiores - tronco
> membros inferiores - braços
> articulação - cotovelo

a) O tórax e o abdome ficam no _____.

b) As mãos fazem parte dos _____.

c) Os _____ fazem parte dos membros superiores, e os ossos são ligados pela articulação do _____.

d) O joelho é a _____ que liga os ossos da perna.

e) As pernas são os _____.

51

Os sentidos

Lembre que:

- É por meio dos **sentidos** que nós percebemos o mundo ao nosso redor.
- Nós temos cinco sentidos: **visão, audição, olfato, paladar e tato.**

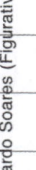

Sentido	Órgão	Característica
Visão	olhos	ver a forma, o tamanho e as cores das coisas
Audição	orelhas	ouvir os sons
Olfato	nariz	sentir os cheiros
Paladar	língua	sentir os gostos doce, salgado, amargo, azedo (ácido)
Tato	pele	perceber quente/frio, liso/áspero, mole/duro

1. Estabeleça a relação:

(1) visão
(2) olfato
(3) tato
(4) audição
(5) paladar

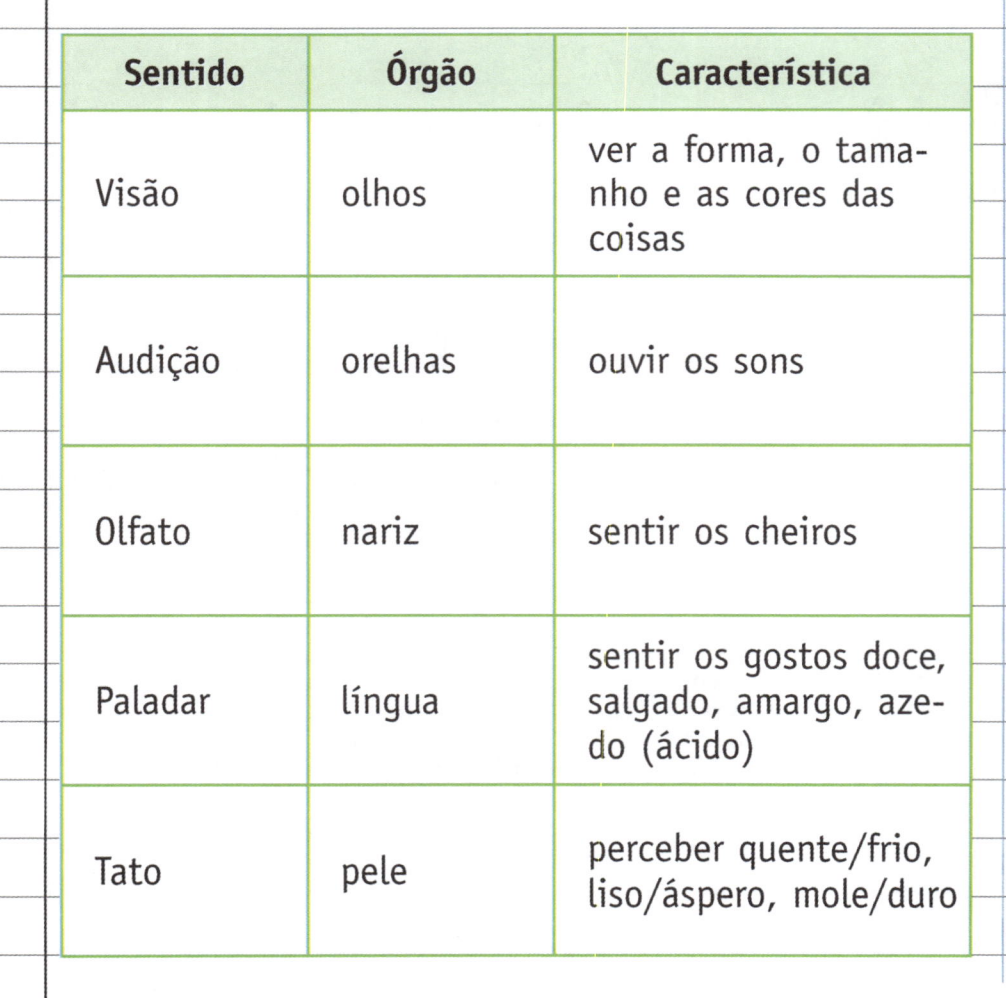

52

2. Quantos e quais são os sentidos para percebermos o mundo ao nosso redor?

3. Que sentido cada criança está usando? Escreva a letra correspondente:

a) audição
b) visão
c) paladar
d) olfato
e) tato

4. Escreva o nome de alimentos:

a) doces

b) salgados

c) azedos

d) amargos

e) ácidos

5. Desenhe ou cole figuras que representem:

alimentos saborosos	objetos que produzem som

materiais que têm cheiro

6. Circule a cena que mostra o que só podemos fazer usando o sentido da audição.

7. Encontre no diagrama palavras que correspondam aos sentidos a seguir.

Olfato - Paladar - Visão
Audição - Tato

P	D	G	O	F	E	J	L	E	M	T	I	A
M	S	A	M	Ú	T	S	C	O	T	H	I	Z
U	R	S	Ú	U	D	M	A	C	I	O	H	E
R	E	B	S	N	D	C	M	L	M	T	Q	D
I	Q	D	I	M	V	D	C	H	E	I	R	O
Q	L	R	C	B	U	Z	G	O	V	G	A	B
C	O	R	A	Ú	S	M	C	I	N	X	P	X

55

8. Complete as frases com o sentido correto:

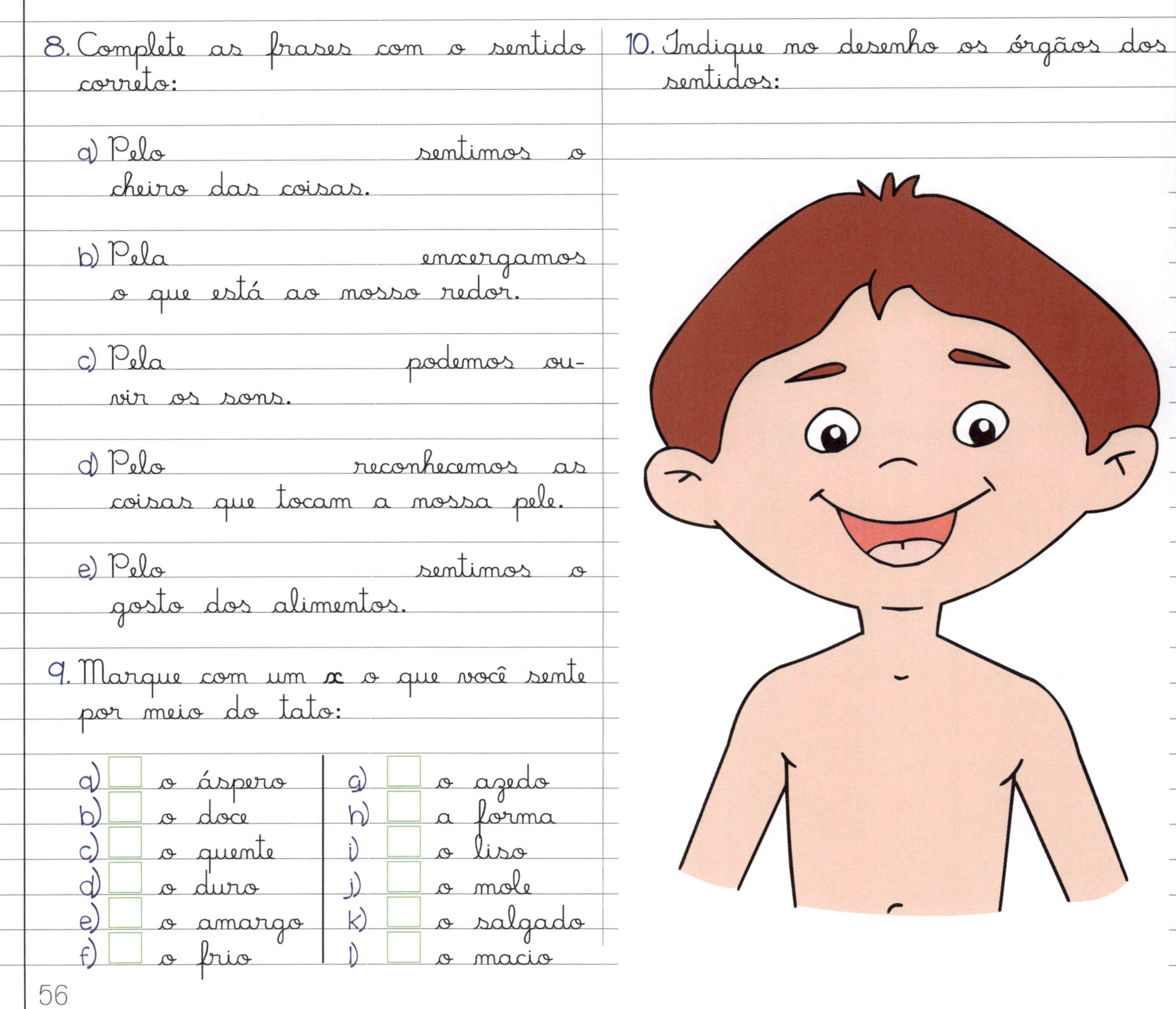

a) Pelo _____ sentimos o cheiro das coisas.

b) Pela _____ enxergamos o que está ao nosso redor.

c) Pela _____ podemos ouvir os sons.

d) Pelo _____ reconhecemos as coisas que tocam a nossa pele.

e) Pelo _____ sentimos o gosto dos alimentos.

9. Marque com um x o que você sente por meio do tato:

a) ☐ o áspero
b) ☐ o doce
c) ☐ o quente
d) ☐ o duro
e) ☐ o amargo
f) ☐ o frio
g) ☐ o azedo
h) ☐ a forma
i) ☐ o liso
j) ☐ o mole
k) ☐ o salgado
l) ☐ o macio

10. Indique no desenho os órgãos dos sentidos:

BLOCO 7

CONTEÚDOS:
- Alimentos
- Origem dos alimentos

Exemplos:

carne de porco	⇨	presunto, linguiça, salame
soja	⇨	óleo, margarina
leite	⇨	manteiga, queijo, iogurte
milho	⇨	fubá, farinha, óleo, amido
cana-de-açúcar	⇨	açúcar, rapadura
trigo (farinha)	⇨	pão
cacau	⇨	chocolate
uva	⇨	suco

Lembre que:

- Os **alimentos** são indispensáveis para o nosso crescimento e para a saúde. Eles fornecem energia para o nosso corpo, protegem-nos contra as doenças e formam dentes e ossos.

Os alimentos podem ser de origem:
- **animal**: carnes, ovos, leite;
- **vegetal**: frutas, verduras, legumes, cereais;
- **mineral**: sal, água.

- **Alimentos que podem ser comidos crus**: frutas, certas verduras e legumes...
- **Alimentos que só devem ser comidos depois de cozidos**: carnes, arroz, feijão, ervilha...
- **Alimentos industrializados**: transformados em diferentes produtos nas indústrias.

1. Escreva os nomes dos alimentos nos lugares certos:

carne - queijo - água - azeite
óleo - salsicha - mel - açúcar
ovos - presunto - sal - chocolate
pera - cenoura - café

origem animal	origem vegetal	origem mineral

57

2. Complete:

   a) A vaca nos fornece o _____ e a _____.

   b) O peixe nos fornece a _____.

   c) A galinha nos fornece a _____ e os _____.

   d) A abelha nos fornece o _____ e a _____.

3. O que são alimentos industrializados?

4. Complete:

   a) Da _____ é feito o suco.

   b) Do _____ é feito o chocolate.

   c) Do _____ são feitos o queijo e a manteiga.

5. Identifique cada alimento quanto à sua origem – animal ou vegetal – e se é natural ou industrializado.

Observe o modelo:

maçã: origem vegetal, natural.

a) iogurte

b) trigo

c) ovo

d) milho

e) queijo

f) banana

g) café

h) mel

i) chocolate

6. Pesquise, recorte e cole figuras de alimentos de:

origem vegetal	origem mineral	origem animal

7. Identifique os alimentos. Escreva:

(OA) para origem animal ou
(OV) para origem vegetal; e

[N] para natural ou

[I] para industrializado

8. Escreva os nomes dos alimentos nos lugares certos:

cenoura - uva - feijão - batata
melancia - alface - carne
arroz - mandioca - laranja

devem ser comidos cozidos	podem ser comidos crus

9. Escreva uma receita:

a) Em que usamos somente alimentos crus.

b) Em que usamos alimentos cozidos.

_____

Ingredientes:

Modo de preparo:

_____

Ingredientes:

Modo de preparo:

BLOCO 8

CONTEÚDO:
- Higiene e saúde

- Não comer muitos doces, pois podem estragar os dentes.
- Não comer fora do horário.

- **Higiene do ambiente:**
  - Conservar a casa limpa e arejada.
  - Manter o banheiro limpo e dar descarga após usar o vaso sanitário.
  - Colocar o lixo em lixeiras tampadas, para evitar moscas e outros insetos que causam doenças.

Lembre que:

- **Bons hábitos de higiene para manter a saúde:**
  - Tomar banho todos os dias e manter o corpo limpo.
  - Só beber água filtrada ou fervida, para evitar doenças.
  - Lavar as mãos antes de comer e depois de ir ao banheiro.
  - Fazer exercícios, brincar ao ar livre e dormir bem.
  - Escovar os dentes depois das refeições e antes de dormir.

- **Cuidados com a alimentação:**
  - Conservar os alimentos em lugares frescos, protegidos de moscas e outros insetos.
  - Só comer carne bem assada ou bem cozida.

1. Pinte os círculos das frases que indicam bons hábitos de higiene:

○ Cortar e manter limpas as unhas.

○ Beber somente água filtrada.

○ Não tomar vacinas.

○ Tomar banho só uma vez por semana.

○ Comer frutas bem lavadas.

2. Assinale com um x o quadrinho da frase que mais se aproxima de seus hábitos de higiene:

a) Você tem o hábito de tomar banho:

☐ todos os dias.

☐ três vezes por semana.

b) Você tem o hábito de lavar as mãos:

☐ de vez em quando.

☐ sempre que vai ao banheiro e antes das refeições.

c) Você tem o hábito de dar descarga após usar o vaso sanitário:

☐ sempre.

☐ às vezes.

☐ nunca.

3. Cite:

a) três hábitos de higiene para ter boa saúde.

b) três cuidados que devemos ter com a alimentação.

c) três cuidados que devemos ter com o ambiente em que vivemos.

4. Marque com um x apenas as frases verdadeiras:

☐ Os alimentos devem ser protegidos dos insetos.

☐ Não é necessário varrer a nossa casa.

☐ O lixo deve ser jogado na rua.

☐ Devemos tomar banho todos os dias.

☐ A lata de lixo deve ser tampada.

☐ Devemos dar descarga após usar o vaso sanitário.

☐ O lixo atrai baratas, moscas e outros insetos nocivos.

5. Observe e escreva o que a criança está fazendo para manter a saúde:

Lembre que:

- Além de colaborar com a higiene do ambiente, todos também podemos colaborar com o planeta fazendo reciclagem dos materiais que descartamos como lixo.

- É possível reciclar grande parte do lixo, isto é, aproveitá-lo na fabricação de novos produtos.

- Os vidros, plásticos, metais e papéis são reciclados, isto é, são usados para fazer novos vidros, plásticos, metais e papéis. Os restos de alimento são usados para fazer adubo.

- Para que o lixo seja reciclado, ele precisa ser separado por categoria:

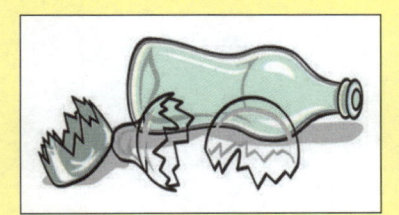

Vidro

Papel

Restos de alimentos

Metal

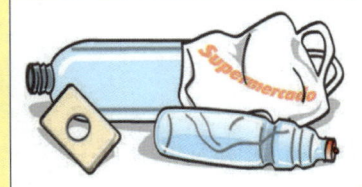

Plástico

6. Coloque o lixo na lixeira correta:

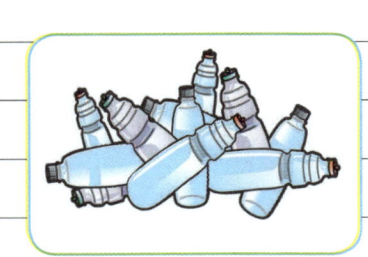

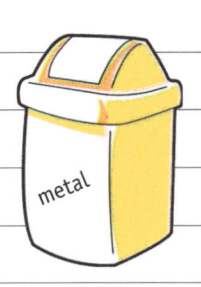

7. Pinte os objetos que usamos para a higiene do nosso corpo.

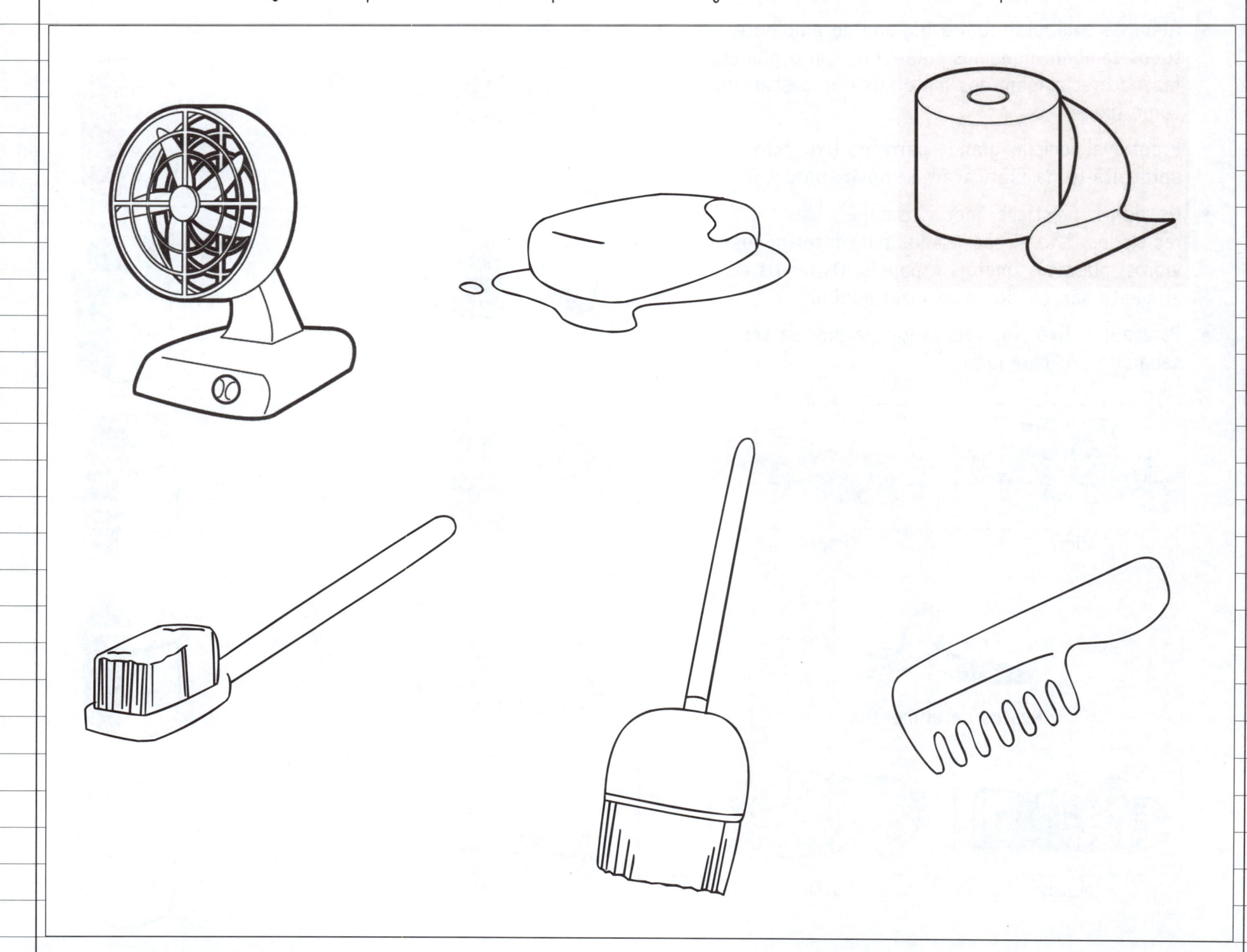

8. Assinale o que você faz para ter boa saúde:

- ☐ Lavo sempre as mãos antes das refeições.
- ☐ Durmo regularmente.
- ☐ Faço exercícios físicos.
- ☐ Vou ao médico e ao dentista regularmente.
- ☐ Alimento-me bem.
- ☐ Ando sempre descalço.
- ☐ Esqueço-me de lavar as mãos depois de usar o banheiro.
- ☐ Corto e limpo sempre as unhas.

9. Desenhe e pinte dois objetos que você usa para fazer a higiene de seu corpo. Depois, escreva o nome deles e em que momentos você os utiliza.

10. Procure no diagrama ao lado as palavras que completam as frases abaixo. Depois, escreva-as nos lugares certos:

a) Beber água filtrada e _____ .

b) _____ os alimentos em lugares frescos e protegidos de insetos.

c) _____ exercícios, brincar ao ar livre e dormir bem.

d) Colocar o _____ em lixeiras tampadas.

e) _____ os dentes depois das refeições e antes de dormir.

A	C	X	E	M	O	Q	P
D	O	Z	S	I	C	A	I
O	N	T	C	N	P	L	N
Z	S	V	O	L	T	E	S
F	E	R	V	I	D	A	F
O	R	I	A	X	O	B	A
I	V	S	R	O	R	C	E
L	A	M	O	H	M	E	T
C	R	E	B	J	I	V	L
X	F	A	Z	E	R	D	M

BLOCO 9

CONTEÚDO:
- Dentição e higiene bucal

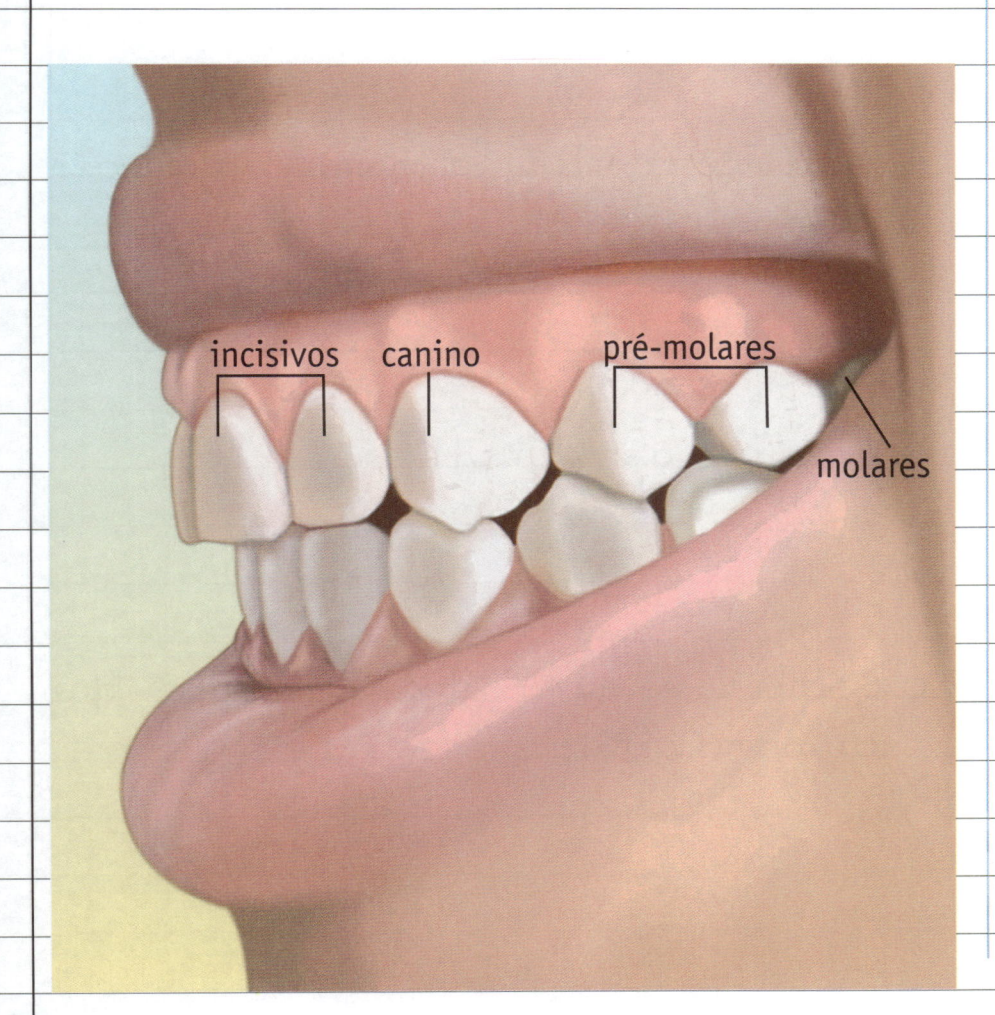

Lembre que:

- **Primeira dentição:** dentes de leite começam a nascer por volta dos 6 meses de idade. Aos 3 anos existem 20 dentes.

- **Dentes permanentes:** começam a substituir os dentes de leite, por volta dos 6 anos de idade. São 32 dentes.

- **Cáries:** partes dos dentes que foram destruídas por bactérias.

Para prevenir a cárie, devemos:

– escovar os dentes após cada refeição;

– usar fio dental para remover a sujeira;

– usar creme dental com flúor;

– tomar com canudo os sucos e refrigerantes açucarados;

– manter uma boa alimentação;

– evitar biscoitos recheados, por causa da sua consistência pegajosa, que contém muito açúcar;

– comer doces com moderação e nunca entre as refeições;

– evitar balas duras que podem quebrar os dentes;

– após tomar leite ou comer antes de dormir, escovar os dentes, pois à noite a salivação diminui e o alimento cria um ambiente favorável à ação das bactérias que provocam cárie;

– ir ao dentista pelo menos uma vez ao ano.

incisivos canino pré-molares molares

1. Marque com um x o que for certo:

☐ A primeira dentição se inicia a partir dos 6 anos de idade.

☐ Os dentes permanentes começam a surgir por volta dos 6 anos de idade.

☐ A primeira dentição é formada por 20 dentes de leite.

☐ No maxilar inferior não nascem dentes.

☐ A dentição permanente é formada por 32 dentes.

2. Responda:

a) Quando nasceu o seu primeiro dente de leite?

b) Você já tem dentes permanentes? Quantos?

c) Quando nasceu seu primeiro dente permanente?

d) Quantos anos você tem?

3. Quando começa a substituição dos dentes de leite pelos permanentes?

4. Quantos dentes formam a dentição permanente?

5. O que são cáries?

6. Escreva o nome dos alimentos que causam cáries.

7. Você costuma ir todo ano ao dentista? Conte uma de suas experiências.

8. Descubra qual a palavra que está faltando para completar cada frase e escreva-a no lugar certo:

> alimentação - dentes - usar
> dentista - remover - começam
> permanentes - cáries

a) Escovar os ☐☐☐☐☐☐ após as refeições.

b) Usar fio dental para ☐☐☐☐☐☐☐ a sujeira.

c) ☐☐☐☐ creme dental com flúor.

d) Manter uma boa ☐☐☐☐☐☐☐☐☐☐☐.

e) Ir ao ☐☐☐☐☐☐☐☐ pelo menos uma vez ao ano.

f) Os dentes de leite ☐☐☐☐☐☐☐ a nascer por volta dos 6 meses de idade.

g) ☐☐☐☐☐☐ são as partes dos dentes que foram destruídas por bactérias.

h) Dentes ☐☐☐☐☐☐☐☐☐☐☐ começam a substituir os dentes de leite por volta dos 6 anos de idade.

9. Complete a história e desenhe o final dela no último quadrinho, não se esqueça de fazer os balões das falas.

Ai, que dor!

Mãe, meu dente está doendo.

Vitor, vamos agora ao dentista.

BLOCO 10

CONTEÚDO:
- Prevenção de doenças e acidentes

Lembre que:

- **Vacinas**: protegem-nos de várias doenças causadas por vírus e bactérias. Exemplos: vacinas contra tuberculose, coqueluche, paralisia infantil (poliomielite), difteria, tétano, sarampo, rubéola, meningite, caxumba...
- Além das vacinas, uma boa higiene e alimentação também mantêm a nossa saúde. Outra coisa importante: devemos cuidar com especial atenção da nossa visão e audição, evitando:
  - sons muito altos, principalmente com fones que são colocados dentro das orelhas;
  - luminosidade muito forte ou muito fraca para leitura.
- Quem não está enxergando ou ouvindo direito deve comunicar esse fato aos pais ou ao professor.
- Para evitar acidentes, devemos tomar vários cuidados em casa, na rua, na escola.

Não devemos:
- mexer em panela no fogo, nem ficar perto do fogão;
- atravessar a rua com o sinal verde para os carros;
- brincar com fósforos, bombinhas, líquidos inflamáveis, como álcool e gasolina;
- brincar com remédios;
- mexer nas tomadas ou fios elétricos;
- atravessar a rua fora da faixa de segurança;
- soltar pipas perto de fios elétricos;
- correr segurando vidros ou objetos cortantes nas mãos;
- tocar em plantas ou animais que não conhecemos.

Devemos tomar cuidado:
- com facas, tesouras ou qualquer objeto cortante;
- para não tropeçar em objetos caídos no chão;
- ao subirmos em árvores.

1. Para que servem as vacinas?

2. Escreva o nome de duas doenças que você já teve e de duas vacinas que já tomou.

Doenças

Vacinas

3. Ordene as sílabas das palavras para descobrir algumas doenças que podem ser evitadas com vacinas:

a) béo-ru-la

b) ta-no-té

c) sa-po-ram

d) lu-co-che-que

e) li-pa-ra-si-a fan-til-in

4. Leia as frases com atenção e complete-as usando as seguintes palavras:

incêndio - tombo - cortou - choque

a) Beto mexeu na tomada elétrica.
Beto levou um _____.

b) Clara apontou o lápis com uma gilete.
Clara _____ o dedo.

c) Anita tropeçou nos brinquedos caídos no chão.
Anita levou um _____.

d) Pedro brincou com fósforos.
Pedro provocou um _____.

5. Escreva alguns cuidados que devemos ter para evitar acidentes:

6. Pinte o que pode causar acidentes graves.

7. Encontre no caça-palavras nomes de sete tipos de doenças contra as quais as vacinas nos protegem.

```
P A R A L I S I A - I N F A N T I L
E M P E E H A V J V P L N G O P A H
D R A T E R R I D I D E M P F D B T
U C Z D M C A X U M B A N S T I Z É
Z S D J A T M A M E F T O P R F V T
A X A Z A M P N T O S L U P Ç T J A
L V C I C L O G I M Z P V T R E Z N
E M P A E H V V J U P L H L T R R O
D T U B E R C U L O S E S E C I C N
A E A I C O Q U E L U C H E N A M T
```

8. Escolha uma das figuras e escreva uma história contando um acidente.

1   2

Figura ☐

- Agora, copie os nomes das palavras encontradas:

76

9. Observe se no bairro onde você vive há problemas que podem causar acidentes. Escreva um texto relatando o problema e sugerindo soluções. Leia o seu texto para os colegas de classe.

10. Desenhe o ambiente com as soluções sugeridas no seu texto.

Atividades complementares

- **Vamos alimentar os animais**
- **Encontrando o caminho até o mamífero**
- **Que pedaço não é desse animal?**
- **Quem sabe mais?**
- **Registro de pesquisa**

Vamos alimentar os animais

Faça o caminho, traçando uma linha para cada animal chegar ao seu alimento.

Encontrando o caminho até o mamífero

As linhas que saem das bolinhas vão para os seis animais. Encontre aquela que vai chegar até o mamífero.

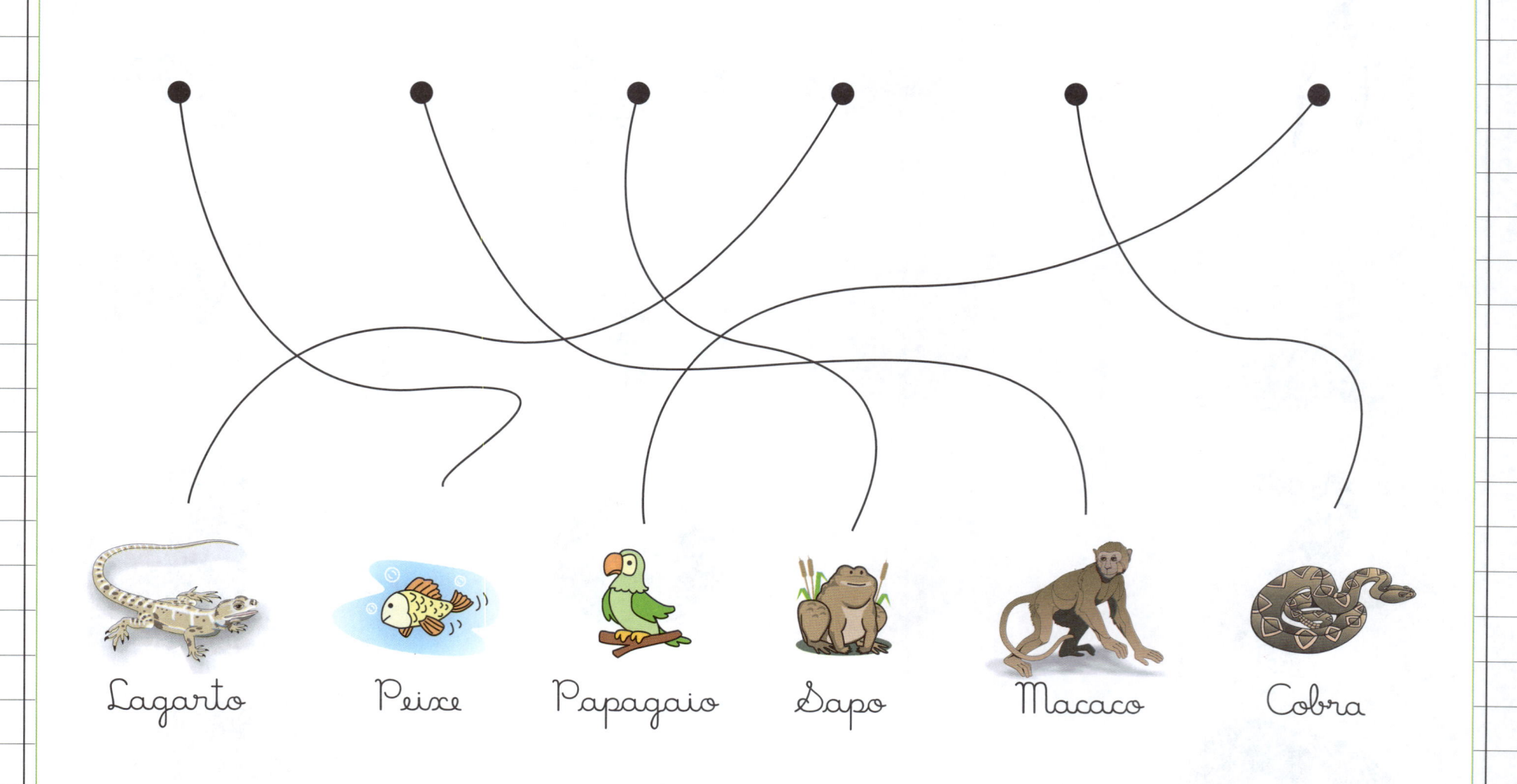

Lagarto   Peixe   Papagaio   Sapo   Macaco   Cobra

Que pedaço não é desse animal?

A figura da girafa foi partida em pedaços. Esses pedaços estão ao redor da figura. Mas tem um pedaço que não é desse animal. Recorte os pedaços e monte, a seguir, a figura. Atenção, você descobrirá o pedaço que não é da girafa?

83

Montando a girafa

Que pedaço não é da girafa?

Quem sabe mais?

Material:

- 32 cartões recortados das cartelas 1, 2, 3 e 4.
- Feijões ou pedrinhas para marcar os pontos que cada um ganhar.

Como jogar:

- Distribuam os cartões entre quatro jogadores, fazendo um monte de cartões para cada um, todos virados para baixo.
- Sorteiem quem vai começar o jogo.
- O primeiro jogador pega um cartão e lê o que está escrito.
- Se souber a resposta, ganha o número de pontos indicado no cartão.
- O jogo continua até os cartões terminarem.
- Ganha quem fizer o maior número de pontos.

Atenção: este jogo precisa de um juiz para avaliar se as respostas estão corretas, se houver discordância entre os jogadores.

Cartela 1 – Quem sabe mais?

2 PONTOS	2 PONTOS	2 PONTOS
Diga o nome de um objeto fabricado pelo homem.	Diga o nome de um mineral que usamos para dar sabor à comida.	Por que dizemos que uma pedra não tem vida?
2 PONTOS	**2 PONTOS**	**2 PONTOS**
Quais são os 4 principais elementos não vivos.	Existe água no ar e no solo?	A água do subsolo é doce ou salgada?
2 PONTOS	**2 PONTOS**	**2 PONTOS**
Diga o nome de um animal que nasce de um ovo com casca dura.	Diga o nome de uma ave que tem asas mas não voa.	Diga o nome de um réptil que anda e de um réptil que rasteja.

Recorte sobre a linha.

Cartela 2 – Quem sabe mais?

4 pontos	4 pontos	4 pontos
Diga o nome de dois mamíferos domésticos.	Que animais nós criamos para comer?	O que são animais peçonhentos?
4 pontos	4 pontos	4 pontos
O jacaré é ovíparo?	Diga o nome de uma ave que voa.	Como se deve fazer para impedir a reprodução do mosquito que causa a dengue?
4 pontos	4 pontos	4 pontos
Quais são as fases da vida?	Que animal mamífero é um bom nadador?	Que animal nos fornece lã, carne, leite e couro?

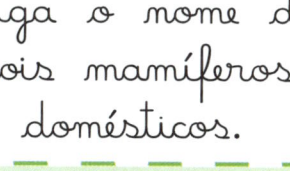

Recorte sobre a linha.

Cartela 3 – Quem sabe mais?

5 pontos	5 pontos	5 pontos
Que animal transmite a leptospirose?	Cite o nome de um animal herbívoro doméstico.	Cite o nome de um animal carnívoro doméstico.
5 pontos	5 pontos	5 pontos
Que parte da planta é o palmito?	Diga o nome de três folhas comestíveis.	Que parte da planta é a mandioca?
5 pontos	5 pontos	5 pontos
O que a clorofila absorve do ambiente?	Quais são as partes das plantas que florescem?	Para que servem as flores?

Recorte sobre a linha.

Cartela 4 – Quem sabe mais?

5 PONTOS	5 PONTOS	5 PONTOS
Por que as sementes de feijão não germinam no pacote?	O que nasce se enterrarmos uma batata?	Por que uma pessoa que caçar passarinhos pode ser presa?
Tem gente que cria jabutis em casa. Isso é permitido?	Cite três animais ameaçados de extinção.	O que são alimentos industrializados?
O fubá e a maisena são feitos com os grãos de um vegetal. Que vegetal é esse?	O que são os dentes de leite?	Que seres vivos causam as cáries?

Recorte sobre a linha.

93

Registro de pesquisa